L'ÉVANGILE

ET

LE BUDGET

PAR M. TALON-BRUSSE

MARGUILLIER DE SA PAROISSE, ET RENTIER CONSOLIDÉ.

PARIS

LIBRAIRIE SANDOZ ET FISCHBACHER

33, RUE DE SEINE, 33

—

L'ÉVANGILE

ET

LE BUDGET

PAR TALON-BRUSSE

MARGUILLIER DE SA PAROISSE ET RENTIER CONSOLIDÉ.

> Un des premiers apanages de la vraie
> liberté est le pouvoir de s'expliquer, sans
> contrainte, sur la religion et la politique ;
> le pays où ce pouvoir s'exerce est, infailli-
> blement, un pays libre.
>
> CH. VILLERS.

SAUVETERRE

J. CHOLLET, IMPRIMEUR-LIBRAIRE.

L'ÉVANGILE

ET

LE BUDGET.

PREMIÈRE PARTIE.

Caractères opposés de l'Évangile et de l'Église Romaine. — Comment Elle a grandi. — Suppression des Cardinaux, Archevêques, Chapitres, Moines, etc; réductions des Évêques, augmentation des Curés. — Culte dominant. — Burke et Priestley.

Il est rare que le titre d'un livre en indique clairement la nature et le but. Cette obscurité peut être le résultat de l'intention même de l'auteur, et servir ses intérêts ; elle peut l'être aussi, soit du sujet qu'il traite, soit de la manière indispensable de le traiter, soit enfin, dans certains pays et dans certain tems, de la rigoureuse surveillance d'un gouvernement qui a peur et qui fait peur. Hors de ces cas, la clarté du titre, pour le lecteur, doit être la première garantie d'une entière confidence. Je crains qu'à cet égard, le mien ne paraisse pas tout-à-fait irréprochable : hâtons-nous de l'éclaircir.

Ai-je voulu dire que l'Évangile enseigne la vraie théorie de l'Impôt et conseille des Emprunts à l'étranger, qu'il discute les voies et moyens, qu'il nous apprend, en un mot, comment on élève la recette au niveau de la dépense ? non ; ce serait un mensonge trop facile à constater.

J'ai voulu dire que les dépenses relatives au culte, qui grèvent le Budget, ne sont pas justifiées par la doctrine de l'Évangile, qu'on la considère sous le rapport moral ou sous le rapport religieux. Dans l'Évangile, la religion concorde d'une maniére admirable avec la morale, et la première n'y est en quelque sorte, que l'expression de la seconde.

De cette vérité jaillissent des conséquences lumineuses qui s'appliquent sans effort, au bien-être temporel des individus et des sociétés. C'est là, si je ne me trompe, une application toute financière ; c'est rattacher l'Évangile *au perfectionnement* du budget national, et, par ce mot, j'entends sa réduction. Avec cette maniére de procéder, j'arriverai d'un peu loin, direz-vous, pour fermer votre bourse : et qu'importe ? tant de gens arrivent de si loin pour l'ouvrir.

En aucun genre, morale, religion, politique, Dieu n'a voulu que l'erreur fût immortelle. Même alors que, changeant seulement de formes, elle est remplacée par une autre, et qu'elle se succède, on peut la croire près de sa fin ; car, pour produire un changement, il a fallu réfléchir, examiner, et, tôt ou tard, la réflexion la tue. Un penseur calculerait les réformations des institutions vicieuses, à peu près comme on calcule les éclipses. Ce n'est point des aberrations de la pensée que naissent nos maux les plus graves, c'est de son inertie.

Thalès, Phérécide, Pythagore, Socrate, Platon, le philosophe de Stagyre, et l'orateur de Rome, ont bien mérité du genre humain, non seulement en lui révélant de hautes vérités, mais encore en déplaçant l'erreur. Tous reconnurent un Dieu dominateur, parfait dans son essence, absolu dans sa volonté, réglant par elle seule les destinées du monde, sans coopération, sans intermédiaire. Un pas de plus, qu'ils ne firent point par la nécessité de s'observer, et ces nouveaux Titans, plus redoutables que les premiers, auraient eu la gloire d'ensevelir des myriades de dieux sous les ruines de l'Olympe. On leur doit néammoins, en partie, la chûte des dynasties célestes, puisqu'ils la préparèrent ; le tems qui n'en légitime d'aucune espèce, n'a fait qu'achever leur ouvrage.

Dès avant l'Évangile, le tems et le bon sens avaient blessé le polythéisme au cœur ; peu-à-peu

les oracles se turent, comme aujourd'hui les miracles sont rares. La Judée elle-même, si fière de ses
institutions divines, osa quelquefois réfléchir.

Tout en n'adorant que Jéhovah, diverses sectes
s'étaient formées, qui, chacune à sa manière, en
interprétaient les lois, en expliquaient les préceptes
et se faisaient de leurs explications une doctrine à
part, une règle particulière de conduite. Suivant
l'usage des sectaires, les Esséniens, les Pharisiens,
les Saducéens, les Docteurs en titre, s'injuriaient
avec ferveur, et se haïssaient de leur mieux. On
disputait également sur le Messie promis par les
Prophètes. Personne ne révoquait en doute leur
infaillibilité ; mais quand et comment viendra ce
Messie ? quel sera-t-il ? que fera-t-il ? Aurons-nous
un conquérant qui venge nos antiques affronts, qui
fasse de nos maîtres nos esclaves, et promène son
char de victoire sur la face de l'Univers ? est-ce un
nouveau Moïse qui descendra radieux du mont
Horeb ou du mont Sinaï ? est-ce Dieu lui-même
qui daignera se montrer à nous, comme autrefois
à nos pères ? — Il y avait là, sans doute, matière à
de graves débats.

C'est au milieu de ce dissentiment du peuple juif,
et lorsque son espoir d'un libérateur s'augmentait
avec sa misère, c'est à l'époque d'une tendance générale à de meilleurs systèmes religieux, que le fils
de Jéhovah descendit sur la terre ; le moment ne

pouvait être mieux choisi. Mais apportait-il au monde une religion nouvelle, ou ne voulait-il qu'épurer celle des Juifs ?

L'autorité des Papes et des Conciles appuie la première hypothèse ; l'autorité de l'Évangile appuie la seconde. Ne croyez pas, dit l'homme-dieu, que je suis venu briser les lois et les prophètes, *nolite putare quoniam veni solum legem aut prophetas.* Partout, en effet, on le voit respectant les dogmes et le culte établis. Conformément à la loi de Moïse, il se laisse circoncire ; on le présente ensuite, avec l'offrande de deux tourterelles, à l'autel des purifications. Parvenu à son sixième lustre, il chasse les brocanteurs du temple, les agioteurs et les accapareurs ; il ne néglige dans aucun tems, de célébrer la Pàque et d'observer le sabbat. Hormis l'institution de la Cène, qui devait rappeler ou reproduire son sacrifice expiatoire, il s'abstient de semer des nouveautés. Considéré comme ablution, le baptême n'en était point une. Le fils de Zacharie l'administrait sur les bords du Jourdain ; on s'aspergeait, on s'immergeait en Égypte, dans l'Inde et dans tout l'Orient.

L'Homme-Dieu ne fit qu'expliquer le sens des écritures, et ses explications ont pour but d'en déduire les grands principes de la morale ; elles indiquent ou déterminent nos véritables devoirs. C'est ce qu'il appelle lui-même accomplir la loi, *veni adimplere.* Honorez Dieu, aimez-vous, payez

l'impôt, gardez vos femmes, voilà son enseignement. Candeur, douce philanthropie, gravité sans
faste, inaltérable bonté, voilà son caractère.

S'il a maudit les prêtres de son tems, c'est qu'ils
ressemblaient à ceux du nôtre : vieux sépulcres
blanchis, ergoteurs ignorants, plus attachés à la
lettre qui tue, qu'à l'esprit qui vivifie. Oh ! qu-il y
a loin de Jésus-Christ à Léon X, et de l'Évangile au
concile de Trente ! Comment du Manuel de la Sa-
gesse et d'un simple recueil de préceptes lumineux,
a-t-on fait un atelier de discordes, un moyen d'en-
vahir et de vider nos coffres ? Un philosophe, Ch.
de Villers, s'est chargé de nous l'apprendre. *La
morale*, dit-il, *n'est chez les Prêtres catholiques,
qu'un casuisme qui se rapporte à nos devoirs envers l'Église.* En d'autres termes, déchirons-nous,
dépouillons-nous au profit de l'Église, sinon l'enfer à perpétuité.

L'Évangile et l'Église Romaine diffèrent donc
beaucoup ?

Hélas ! Oui.

Le culte que nous payons ne vient donc pas en
droite ligne de l'Évangile ?

Hélas ! Non.

Je prouverai la justesse de ces deux monosylla-
bes, et de ma preuve, il résultera que les pieuses
allocations du budget ne trouvent ni leur motif, ni
leur excuse dans le Code des chrétiens.

Le miracle de la résurrection du Christ n'avait été, pour Jérusalem qui n'en fut pas témoin, qu'un bruit de quelques heures, un ouï-dire sans consistance, lorsqu'environ deux mois après, ses disciples, au nombre de cent vingt, se réunirent dans cette ville, afin d'y célébrer la Pentecôte, une des trois grandes solennités du culte judaïque ; circonstance qui prouve encore qu'ils ne le supposaient point aboli par leur maître. On prétend que cette réunion, cette assemblée fut le type de l'Église romaine ; oui, s'il n'avait existé d'autre Église que l'Église romaine, ou si, du moins, elle eût été constamment l'Église dominante à laquelle toutes les autres se rattachassent par une obéissance positive, comme se rattachent à l'autorité suprème, les branches de l'administration civile. Il n'en fut pas ainsi. Les églises ou réunions clandestines des chrétiens s'étaient multipliées dans l'espace de quelques années ; chacune confiait le soin de la diriger à celui des apôtres ou de leurs disciples qui l'avait fondée. Des communications, des rapports intimes ne tardèrent pas à s'établir entr'elles ; on s'éclairait, on s'aidait de son mieux.

Ces associations libres s'étendirent, se fortifiérent, le christianisme parvint à se confédérer, et sa forme républicaine a duré quatre siècles.

République et domination non interrompue de l'Église romaine ! c'eût été là le plus inconcevable

amalgame; il n'exista point, ou déchirons les annales du christianisme, ou moquons-nous de l'orgueil
du Vatican. Jérusalem, Césarée, Tarse, Damas,
Éphèse, Laodicée, Thessalonique, Alexandrie,
Antioche, et cette multitude d'autres églises con-
temporaines, ne reconnaissaient pas la prééminence de Rome. Il serait certain que Céphas, qui
peut-être n'y alla jamais, est son premier évêque,
on l'aurait proclamée souveraine à sa naissance,
qu'il faudrait au moins convenir que, pendant la
période républicaine du christianisme, sa souve-
raineté fut sans application. Elle le fut également
pendant l'oligarchie qui remplaça le fédéralisme.

Constantin, dont l'apparition d'une croix aéri-
enne avait décidé la conversion, comme nous le
savons tous, ayant fixé le siége de son empire dans
les murs de Byzance, voulut entourer d'une grande
considération les ministres d'une religion devenue
la sienne et, se trompant sur le choix des moyens,
il leur prodigua des honneurs et des richesses. Les
patriarches des métropoles, les évêques, les dignitaires, acquirent plus de puissance, leur juridiction
s'agrandit ; Rome ne fit que participer à cet agrandissement. Son nom, son importance, sa position
topographique ne permettaient pas de l'exclure du
nouveau systême d'administration religieuse ; mais
la tiare, si c'est là l'emblême de sa suprématie, lui
convenait moins que jamais à l'époque dont nous
parlons, où l'empereur, qui s'était déclaré chrétien

se constitua le protecteur, le chef du christianisme, et lorsque les mesures d'une application générale, concernant la discipline, concernant même la doctrine, avaient besoin de son assentiment. Par la concentration des pouvoirs jusqu'alors disséminés, incertains et faibles, par l'anéantissement des formes républicaines, l'autorité des conciles, de ceux principalement qu'on nomme œcuméniques, c'est-à-dire universels, devint aussi plus imposante, plus absolue. Dans aucun tems Rome n'osa s'en affranchir ; donc elle même ne croyait pas que le verset 18 de saint Mathieu, que la parenthèse de saint Jérôme l'eussent investie de la toute-puissance et de l'infaillibilité. Ouvrons enfin l'époque de cette toute-puissance, et nous verrons qu'alors l'Évangile et l'Église romaine consommèrent leur divorce.

En transférant, à Constantinople, le siége de l'Empire, Constantin fit une faute énorme ; le morcellement de sa couronne en fut une plus grande encore. Ses successeurs, divisés d'intérêts et d'opinions religieuses, les uns monarques au rivage du Bosphore, les autres au bord du Tibre, ne purent plus se suffire contre l'irruption des Barbares. Ces populations du Nord, dont les masses se précipitaient, tour-à-tour, sur l'Italie et sur Rome, étant déjà chrétiennes, ou le devenant au milieu de leurs conquêtes, se réunissaient à l'Église romaine, et, par leur réunion, augmentaient sa puissance. Lorsqu'ensuite elles renversèrent le trône d'Augustule, et terminèrent ainsi l'empire d'Occident, comme leurs chefs ne régnaient à Rome qu'en passant, et s'y succédaient avec rapidité, le pontife se trouva, sans obstacle, au premier rang, par la raison qu'il restait seul. Les Romains, appauvris, dégénérés, découragés, s'accoutumèrent à voir en lui leur véritable souverain.

Dans le septième siècle, Mahomet s'empara de la Syrie, et, depuis cet événement, les Églises importantes de Jérusalem, de Damas, d'Antioche, affaiblies ou dispersées, ne firent que décroître. Mahomet a, plus qu'on ne pense, bien mérité du Pape. Elles profitèrent à tous les deux, ces sanglantes disputes des Chrétiens de Constantinople et cette politique de leurs princes, assez simples pour se mettre à la tête d'un parti et persécuter l'autre. L'Église grecque, qu'un schisme formel avait séparée de Rome, sembla longtems ne pouvoir vivre que d'arguments et de discordes.

Quelques siècles plus tard, tandis que les guerriers de l'Islamisme pénétraient dans la ville de Constantin, l'on y disputait, bravement, sur la consubstantialité, la transubstantiation et la transfiguration : Le sabre du Prophète termina tant d'interminables querelles.

A ces moyens d'agrandissement pour l'Église romaine, qui furent indépendants de sa volonté, il faut en associer des milliers d'autres, qui sont sa création. Je vais en indiquer un petit nombre, sans prendre l'engagement de respecter la hiérarchie de leurs dates.

INSTITUTIONS MONACALES.

Elles avaient commencé dans les solitudes de l'Égypte et de la Syrie, où se refugièrent des chrétiens persécutés. Ils priaient en commun, s'éclairaient, s'ent'raidaient, et l'autorité du chef choisi par eux, ne consistait que dans la prééminence de ses vertus. Les églises d'Orient tirèrent peu d'avantages de ces pieux anachorètes, plus occupés de contempler le ciel, que de regarder sur la terre ; mais la politique romaine comprit de quelle utilité pourraient être de pareilles institutions, dirigées vers un même but et par la même main. Elle multiplia les couvents ; elle fit des moines de toutes les couleurs. Au nom du pape, son généralissime, cette armée mystique guerroya contre l'idolatrie ; on choisissait les plus braves pour combattre en tirailleurs, et souvent la victoire couronna leur audace. Chez les Bretons, en Germanie, dans la Gaule, ils convertirent des rois, des reines, des héros ; et comme, avant d'entrer en campagne, ils avaient juré obéissance au saint-père, ils n'oubliaient jamais de la lui faire également jurer par les nouveaux convertis. Venaient ensuite les recommandations de doter des monastères, d'enrichir l'Eglise et son clergé ; sans

quoi, point de salut, point d'expiation des crimes
commis ou à commettre. Quand les grands criminels s'étaient expiés de la sorte, quand ils avaient
beaucoup donné, on leur présentait à baiser des
reliques sacrées, des images miraculeuses. Ce n'est
pas tout, les chroniques du temps, productions des
moines, les seuls alors qui sussent lire, énumé-
raient les hautes vertus, les rares qualités du
donateur.

La création des ordres mendians est postérieure
de quelques siècles ; l'Europe lui dut le spectacle
comique des plus violentes querelles entre les
révérends pères, tantôt sur la forme de leur cucule
ou capuchon ; tantôt sur la propriété du potage
qu'on leur servait, et sur d'autres questions aussi
graves ; mais l'Europe lui dut en même temps les
Dominicains, dont le fondateur imagina l'inquisi-
tion, qui fut protégée par saint Louis, massacra
des milliers d'Albigeois, mit au pillage les pos-
sessions du Toulousain Raymond, coupable de les
avoir tolérés, et finalement gagna le paradis, pour
avoir désolé le Languedoc.

FAUX EN ÉCRITURE.

Partout où la loi protége les propriétés et les
transactions sociales, on paralyse, autant qu'on
peut, l'industrie des faussaires ; en conséquence,
il est d'usage de les pendre.

Rome la sainte agissait différemment; là, c'étaient les faussaires qui pendaient ou brûlaient les gens de bien. Les papes s'étaient, de bonne heure, déclarés maîtres de la ville et de quelques portions de l'Italie, en vertu d'une donation spéciale de Constantin, laquelle n'exista jamais, et dont l'imposture est depuis longtemps reconnue. Pour s'être offerts à prouver cette non existence, des chrétiens très-orthodoxes furent jetés, les uns dans des cachots, les autres dans le feu. Montrez-moi donc, disait Jules II à l'ambassadeur de Venise, où sont écrits vos droits seigneuriaux sur la mer Adriatique. Votre sainteté les trouvera, répondit le Vénitien, au bas de la donation que Constantin vous a faite. Si, par reconnaissance envers le pape Etienne qui se moquait de la légitimité, l'usurpateur Pépin-le-Bref enrichit l'Eglise de l'exarchat de Ravenne, il y aurait aussi, ce me semble, beaucoup à dire sur cette acquisition, car l'Eglise reçut ce qu'en bonne conscience Pépin ne pouvait pas donner. On nous assure que son fils Charlemagne fut encore plus libéral, plus magnifique; mais ces assertions de Rome ne concordent point avec les documents historiques : elles ont été contestées. Ce qui ne l'est plus aujourd'hui, c'est la fabrication des fausses décrétales que les papes déclarèrent authentiques. Au moyen d'une supposition de pièces et de titres, ils affranchirent les évêques de la juridiction métropolitaine, afin qu'en les faisant ressortir immédiatement au siége pontifical, toute la puissance ecclésiastique s'y trouvât concentrée. L'application de ce principe offrait au bas clergé, tant régulier que séculier, les moyens de se rendre lui-même indépendant des évêques ; il s'empressa d'en profiter, il ne voulut plus reconnaître au-dessus de lui que l'orgueilleux serviteur des serviteurs de **Dieu**. De là cette dépravation de mœurs, ces désordres scandaleux que Rome, devenue elle-même une autre Babylone, ne pouvait plus réprimer, et qui, pendant plusieurs siècles ont deshonoré son Eglise. Ce qu'on appelle le droit canonique, a ses premières bases dans les fausses décrétales, et le dogme de la suprématie du pape a les siennes dans le droit canonique.

CÉLIBAT DES PRÊTRES.

Ce fut le fameux Hildebrand, pape sous le nom de Grégoire VII, qui, dans le onzième siècle, le rendit obligatoire. Jusqu'alors, beaucoup de prêtres étaient mariés, un plus grand nombre vivait dans le concubinage. Ce genre d'association qui, pour pour n'être pas toujours l'indice d'une extrême corruption, n'en contrarie pas moins la morale publique, vicia le christianisme presque dès son berceau. Les sœurs Agapètes, vierges ferventes que la religion rassemblait, sans les enchaîner, eurent avec les propagateurs de l'Evangile, des rapports où l'amour divin ne remplissait qu'un rôle secondaire ; le plus exigu des dieux du paganisme survécut à sa race, et fit faire plus d'un faux pas aux épouses du Christ. A l'avénement de Grégoire, ce scandale des liaisons indépendantes passait toute mesure. Si ce pontife avait eu réellement l'intention d'épurer les mœurs des prêtres, au lieu du célibat, il devait leur prescrire le mariage. Qui ne sait qu'en opposant la nature et l'homme, on le force à devenir criminel ou malheureux ? Mais la politique du réformateur visait autre part. Son insatiable ambition, son orgueil colossal lui persuadèrent que la moderne Rome allait devenir comme celle d'Auguste, la maîtresse du monde ; les entreprises qu'il forma, les succès qu'il obtint pouvaient, en effet, justifier cette confiance. Avoir partout une milice qui lui fût dévouée, qui n'obéît qu'à lui, qui n'embrassât d'autres intérêts que les siens propres, c'était là l'infaillible moyen de parvenir à son but ; il s'assura cette milice, en condamnant les prêtres au célibat. C'est, en général, de l'amour de la famille que s'alimente l'amour de la patrie : ôtez les affections domestiques, vous créez, à leur place, l'égoïsme ou l'indifférence. N'ayant désormais ni des femmes, ni des enfants à défendre, certains de ne pas se survivre, les prêtres n'appartinrent plus qu'à la cité sacrée d'où se répandaient sur eux les honneurs, les dignités, les richesses ; ils ne reconnurent pour maître, que le pontife qui les distribuait. Le fils d'un charpentier de Toscane, Hildebrand, se constitua le juge des peuples et des rois de la terre, le suprême dispensateur des royaumes, et cette doctrine, non moins impie que ridicule, ils la propagèrent, ils l'accréditèrent; elle centuplait leur importance.

CONFESSION AURICULAIRE.

On a mis l'Evangile à la torture, pour y découvrir cette institution; la moitié de l'Europe prétend qu'elle ne s'y trouve pas, l'autre moitié qu'elle s'y trouve. Disons à quelle époque et comment elle a commencé.

Il exista, chez les peuples de l'antiquité, une sorte de confession secrète qui précédait toujours l'initiation aux grands mystères. Marc-Aurèle se confessa à l'hiérophante, grand-prêtre de Cérés, avant d'être admis dans l'intimité du culte de la déesse. L'isiaque ou prêtre d'Isis, dont le culte se répandit de l'Egypte dans la Gréce, l'Italie et même dans notre Gaule, fut principalement le confesseur des dames; il se chargeait de procurer des consolations aux affligées, et, plus d'une fois, les maris se plaignirent de l'excès de son zèle.

Quant à la confession publique, elle a été plus générale; les Indiens s'y soumettent avec exactitude. Il y avait autrefois, chez les Juifs, la confession des veaux; elle consistait à s'avouer coupable, sans spécifier son crime, en mettant la main sur la tête d'un veau qu'on chargeait ainsi de ses iniquités. Ce ne fut là, sans doute, qu'une imitation restreinte de la grande expiation du bouc émissaire. On se confessait, le plus souvent, de camarade à camarade ; encore aujourd'hui, lorsqu'un Juif est près de mourir, il mande trois ou quatre personnes, parmi lesquelles il n'est pas même nécessaire qu'il se trouve un rabbin, et se confesse en leur présence. Chez les chrétiens, la confession et la pénitence furent longtemps publiques ; l'obligation n'en était imposée qu'aux pécheurs scandaleux, et le temps des pénitences durait plus ou moins, suivant les différents usages des églises. Nous trouvons la preuve de cette diversité dans les canons pénitentiaux qui nous restent.

Vers la fin du cinquième siècle, il s'introduisit une confession mitoyenne entre la publique et la secrète ; elle se faisait en présence de quelques personnes pieuses, pour certains cas particuliers. Mais, au rapport du théologien Navarre, ce ne fut qu'au septième siècle que commença la confession auriculaire ; les moines s'y soumirent les premiers : ils se confessèrent à leurs abbés. Fleury rapporte que les abbesses même entendaient la confession de leurs religieuses. On voit, par les canons du concile d'Attigny, en 763, que l'obligation de se confesser à un prêtre, ne concernait que les prêtres ; les laïques se confessaient réciproquement.

Saint Jacques-le-Mineur avait dit, en propres termes : *Confessez vos péchés les uns aux autres.*
Saint Thomas affirme que cette sorte de confession
était bonne et suffisante. Voilà pourquoi Rome n'osa
faire une loi positive de la confession auriculaire
qu'en 1215, au quatrième concile de Latran. C'est
alors qu'il fut enjoint à quiconque est parvenu à
l'âge de discrétion, de confesser tous ses péchés au
moins une fois l'an, et qu'Innocent III déclara que
tout prêtre qui révélerait une confession, de quelque nature qu'elle pût être, serait interdit et
condamné à une prison perpétuelle ; cependant, le
cas d'hérésie fut excepté de l'obligation du secret,
et l'exception consacrée par ce vers latin : *Hæresis
est crimen quod nec confessio celat.* L'hérésie est
un si grand crime qu'elle n'a point de droit au
silence du confessionnal. Aussi les casuistes ont
décidé qu'un fils était tenu de dénoncer son père
même, pour cet épouvantable forfait. Il n'en est
pas ainsi des conspirations contre l'Etat, des projets
d'assassinat, de haute trahison, d'incendie et
d'empoisonnement. En 1610, le parlement de-
manda que tout confesseur instruit d'un pareil
complot, fût obligé de le révéler ; le clergé rejeta
cette demande, la cour de Rome appuya son refus,
et l'arrêt du parlement resta sans exécution. Il faut
convenir que si le salut spirituel du coupable, et
non sa peine temporelle, est l'unique but de la
confession secrète, on ne peut la regarder, dans

aucun cas, comme le moyen d'aider la vigilance
des lois civiles ou de les suppléer. Autrement
l'obligation de se confesser serait absurde et tyran-
nique ; car en ne se confessant pas, on se dévoue-
rait à la damnation éternelle, et en se confessant,
aux horreurs du supplice. Qu'est-ce donc qu'une
institution dont la ténébreuse influence effraye la
pensée, et qui ne peut empêcher aucun des crimes
projetés, ni servir à leur punition, quand ils sont
consommés ? Henri IV venait d'être assassiné, et les
enfants d'Ignace professaient ouvertement, qu'a-
vant de rompre une seule fois le sceau du confessional, il fallait laisser périr tous les rois de la terre.

Les prêtres sont tous concitoyens, fussent-ils des
deux bouts du monde ; le célibat, la confession,
voilà leur pacte social ; ces inventions sont le chef-
d'œuvre de la politique romaine. Trouvez-les, si
vous pouvez, dans l'Evangile.

LE PURGATOIRE.

Il n'est pas fait d'aujourd'hui ; je le trouve partout, excepté dans l'Évangile. Rome païenne y
croyait, parce qu'elle supposait l'éternité des
supplices réservée uniquement aux grandes scélé-
ratesses. Rome catholique ne pouvait se dispenser
de nous y faire croire, pour accréditer la confession
secrète et trouver aux indulgences un débouché
facile. Tout confesseur qui sait son métier distingue,

divise, subdivise, nuance à l'infini nos faiblesses et nos sottises. Il a le droit de modifier, au besoin, le tarif très-détaillé qu'en ont dressé, dans le bon temps, Saint Thomas, Scot, Sanchez, Escobar et plusieurs autres grands casuistes. De là, l'indispensable obligation de savoir du prêtre le degré de notre culpabilité, à peu près comme on interroge un jurisconsulte, sur l'application des principes de droit. La plus notable différence, marquée au tarif, est celle des péchés mortels et des péchés véniels; heureux qui ne se rendit coupable que des derniers! S'il meurt sans les avoir confessés, il ne tombe qu'au purgatoire. Néanmoins, comme ce séjour n'est pas gai, l'Eglise a bien voulu qu'on put l'éviter ou l'abréger, au moyen des indulgences; loisible à chaque fidèle de les obtenir, soit à son profit personnel, soit à celui de feus ses parents et ses amis, en remplissant les conditions d'usage, qui consistent principalement à payer des messes, à subvenir aux besoins du sacerdoce, à faire des donations pieuses. Les indulgences s'appliquent aussi au rachat des plus gros péchés mortels, et peuvent, suivant les cas, tenir lieu d'absolution. Elles ont aussi leur tarif; on y voit, d'un coup d'œil, ce qu'il en coûte pour se racheter ou raccourcir son purgatoire de cent jours, de cent ans, ou de plusieurs milliers de siècles. Dans le quinzième, la perception des droits fut confiée, par Léon X, au révérend père Tetzel, moine de Saint-

Dominique, et la totalité des produits affectée aux menus plaisirs d'une sœur du saint-père. Vous savez ce qu'il en advint, le courageux Luther discuta cette partie importante du budget pontifical ; il osa la rejeter, et d'une discussion financière sortit la plus sainte des réformes du christianisme, attendu qu'elle s'appuie de l'Evangile et du bon sens.

Tels sont quelques-uns des moyens par où l'universalité de la monarchie papale réussit à s'établir. Exceptez-en la manufacture des titres qui n'est pas facile à remonter, et la restauration monacale qui nulle part ne marche vite, ces moyens subsistent encore aujourd'hui ; voilà pourquoi j'en ai parlé de préférence , il serait superflu d'en mentionner d'autres. Irai-je m'occuper de nos éternelles croisades, si ruineuses pour l'Europe, si productives pour l'Eglise ? cette fanatique alliance ne peut se renouveler ; de la dime ecclésiastique ? toute l'éloquence d'un prédicateur du Roi ne déciderait pas un seul fermier à la payer ; de l'intolérance ? ses mandements servent de maculature, avec la *Quotidienne*, aux éditions de Voltaire ; du scandale de certaines intimités ? il n'est plus de comtesse Mathilde ; du prix élevé de certaines absolutions ? il n'est plus de Jeanne de Naples. J'aimerais mieux dire quel usage l'Eglise romaine a fait, pendant huit cents ans, de sa toute puissance, s'il n'y avait là matière à remplir dix in-octavo compactes. Que le catholique qui ne connaît point l'histoire des

papes, par malheur trop inséparable de celle de
l'Eglise, essaye d'imaginer et de réunir tous les
vices, tous les crimes possibles, la bassesse, l'in-
trigue, la débauche, le mensonge, la simonie, la
rapine, les bûchers, les assassinats, les empoison-
nements, le brandon des discordes jeté parmi les
princes, les révoltes ordonnées par des bulles, les
sceptres brisés ou deshonorés, les carnages au
nom du ciel, l'extermination de cent millions
d'hommes, il aura composé lui-même le sommaire
exact des annales du catholicisme. J'ai donc eu
raison d'affirmer que l'Église romaine et l'Évangile
n'avaient rien de commun, que son culte ne venait
pas en droite ligne de l'Evangile.

Si, comme je le crois, ma preuve se trouve
maintenant établie, il s'ensuit que chacun peut
examiner le culte catholique, comme le culte grec
ou anglican, non-seulement dans ses rapports avec
le budget national, mais encore dans ses rapports
avec la morale et l'intérêt de la société, sans se
rendre coupable d'une audace sacrilége. Me dira-
t-on que cet examen viole la Charte qui a reconnu
une religion dominante? Il ne la viole pas plus que
l'examen des dépenses ministérielles et judiciaires,
permis, obligatoire même, bien qu'elle ait établi
des ministères et des juges. La Charte s'est-elle
déclarée immuable, ou, du moins, a-t-elle indéfi-
ment ajourné l'époque d'un changement quelcon-
que? Dans le premier cas, la Charte exprimerait

une absurdité complète, une tyrannie évidente, qui suffiraient seules à la détruire. Dans le second, j'ai le droit d'indiquer les vices, les abus, les erreurs qu'elle renferme, et de manifester, en le motivant, mon vote de réforme. Aller au-delà, refuser d'obéir, provoquer la désobéissance aux lois, sous prétexte de la réalité de leurs vices, voilà l'action punissable, voilà le crime. Tant qu'une disposition légale n'est pas légalement abrogée, elle reste obligatoire ; enlevez à la société ce principe fondamental , vous la livrez à l'anarchie. L'article de la constitution qui reconnaït le catholicisme pour la religion de l'Etat, n'énonce qu'un fait matériel. De cette énonciation, le législateur ne voulait ni ne pouvait conclure que le catholicisme soit une religion divine, ou la meilleure, ou la moins mauvaise des religions. C'eût été se constituer lui-même le juge absolu d'une question grave, à laquelle se lie la plus incontestable des prérogatives de l'homme, sa liberté de conscience. C'eût été condamner en même temps les nations qui se sont séparées de l'Église romaine et qui s'en applaudissent. Elles croyent avoir ramené le christianisme à sa pureté primitive, par la raison que l'Evangile est devenu leur règle unique. Ainsi, dans cette discussion, l'autorité d'un grand exemple vient se joindre à mes raisonnements. Je serais cependant bien mal compris si l'on présumait que je conseille d'abjurer la religion de l'Etat ; j'indique

simplement pourquoi, sans offenser le pacte constitutionnel, et moins encore l'Evangile, nous
pouvons chercher à la rendre tout à la fois moins
coûteuse et plus chrétienne. Ce double but n'est ni
d'un impie ni d'un mauvais citoyen. On m'accordera sans doute qu'il suffirait, pour le bonheur de
l'homme en ce monde et dans l'autre, de croire, de
pratiquer ce qu'enseigne l'Evangile. Par conséquent, toute croyance religieuse au-delà ne peut
qu'être dangereuse ou superflue; tout système de
morale en-deçà demeure imparfait; tout système
opposé se condamne lui-même. Ces conséquences
et la proposition d'où je les tire résument ma
pensée, elles précisent mes vœux, c'est là ma
profession de foi. Voyons à présent si, comme je
l'ai dit en commençant, elles comportent une
application financière, et si l'Evangile motive des
réductions au budget.

Dans l'Eglise romaine, la hiérarchie se compose
du pape, des cardinaux, des archevêques, évêques,
coadjuteurs, grands-vicaires, curés, succursalistes,
petits vicaires, et d'un nombreux accessoire, tels
que chanoines, religieux, moines, confesseurs
délégués, pénitenciers, prédicateurs, missionnaires, conférenciers, catéchiseurs, aumôniers, chapelains, chantres, prébendiers, etc., etc. Tout
chapitre a ses dignitaires, soldés en raison de leurs
grades; chaque couvent a aussi sa hiérarchie qui
descend du général de l'ordre jusqu'au frère coupe-

chou ; exceptez-en les curés, véritables successeurs des apôtres et fonctionnaires indispensables , l'Evangile n'a rien mis dans cette longue nomenclature. On peut donc se demander si la France, au dix-neuvième siècle, trouve un intérêt à la reconnaître, et quel genre d'intérêt. Ce n'est pas probablement celui de ses finances ; quoique nos rapports avec le saint père nous coûtent moins aujourd'hui, parce qu'ils sont moins fréquents, lui donner peu, c'est encore beaucoup trop ; car l'échange de nos espèces contre un parchemin daté, scellé, timbré de Rome, aux armes de saint Pierre et de saint Paul, n'établit pas les profits de l'acheteur et du vendeur dans une juste proportion. Suivant les lois qui nous régissent, le mariage, par exemple, est un acte purement civil, dont elles ont déterminé les conditions et les formes ; à quoi bon, dorénavant, recourir à Sa Sainteté pour en obtenir, à prix d'argent, la permission d'épouser nos niéces, nos cousines, ou nos filleules? Le Code civil règle les degrés de consanguinité, les cas où le mariage est interdit, et réserve à l'autorité suprême de prononcer des exceptions ; qu'avons-nous besoin, dans tout ceci, de l'intervention du chef de l'Eglise? Il ne peut, même en se plaçant sous le point de vue religieux, autoriser ce que nos lois défendent, ou défendre ce qu'elles autorisent. Quelque libre et volontaire que soit, d'après notre législation actuelle, la démarche du catholique qui s'adresse à la chancellerie romaine, je n'y découvre pas moins une contradiction dangereuse entre sa conscience et cette législation, puisqu'il ne croit pas l'une assez garantie par l'autre. S'il n'est pas un mauvais catholique, il court grand risque d'être un mauvais citoyen. Rien, par conséquent, de plus utile, de plus indispensable que de proclamer le principe éternel, consacré par l'Evangile, que la religion doit concorder avec les lois et la morale publique.

Où le Dieu des chrétiens a-t-il établi, sous le nom de dispenses, des taxes réelles sur le mariage, le divorce et les bâtards? A-t-il dit, en quelque endroit, que, pour pouvoir s'épouser, la cousine et le cousin germains paieraient au pape cinquante tournois, douze ducats et six carlins; qu'il n'en coûterait qu'un peu plus de la moitié moins aux beaux-frères et belles-sœurs; mais que, s'il s'agissait de gens fort riches, de grands seigneurs ou princes, il n'y avait pas à marchander, on paierait cent mille écus? Est-ce Jésus de Nazareth qui tarifa le simple divorce à sept tournois, un ducat, six carlins, avec exclusion formelle des pauvres, attendu que n'ayant point d'argent à donner, *non possunt consolari*, ils n'ont pas droit aux consolations de ce monde? Est-ce lui qui, pour légitimer des enfants nés avant le divorce, exigeait neuf tournois, un ducat et dix carlins, comme si ces enfants étaient incontestablement des bâtards? On peut faire les mêmes questions à l'égard des autres branches du fisc pontifical; presque aucune qui ne soit un scandale. Il faut payer les nominations, institutions, promotions, permutations, délégations, collations, cumulations de bénéfices, sécularisations, annulations de vœux, investitures, sacres, couronnements, etc., etc., etc. Après avoir été marié, bigame, soldat, ou juge au criminel, voulez-vous devenir prêtre? payez. Voulez-vous l'être avant l'âge requis? payez; malgré des imperfections corporelles? payez. Est-ce l'œil droit qui vous manque? payez. Est-ce l'œil gauche? un peu plus cher. Y a-t-il un déficit dans les attributs de votre virilité? tant. Le déficit est-il complet? le double. Voulez-vous dire la messe et cohabiter incognito? payez. Voulez-vous la dire et rester laïque? trente-six tournois, neuf ducats. Vous êtes-vous permis un ou plusieurs de ces crimes bien conditionnés dont se compose l'abondante catégorie des cas réservés à l'absolution des papes ou de leurs grands pénitenciers? avez-vous, par exemple, fait avorter votre épouse? payez. L'avez-vous tuée, afin d'en prendre une autre? même somme que pour dire la messe sans titre, et vous pourrez garder votre nouvelle amie, qu'il ne vous en coûtera pas un sou de plus. Aux cas réservés appartiennent aussi le gros péché d'Oreste, l'inceste d'Amnon, fils de David, et celui du malencontreux Œdipe. Que n'étaient-ils catholiques romains! de légers déboursés auraient acquitté leurs consciences.

Quel cynisme ! Eh quoi ! s'écrie saint Bernard, une action criminelle ne l'est-elle plus ou l'est-elle moins quand le pape l'a permise? Pauvres brebis! si l'Église vous appelle, elle a l'intention de vous tondre, *curia Romana non quærit ovem, sine lanâ* : il faut que tout profite à son insatiable et sacrilége avarice! Qu'importe de n'en être plus tributaires, en vertu de nos lois, puisqu'une foule de citoyens croit l'être encore en vertu de la religion? Ce que j'ai dit jusqu'à présent doit les convaincre qu'ils se trompent. Continuons de placer la religion dans l'Evangile; débarrassons-là de tout ce qui n'est point elle, j'aurai servi ses intérêts et les nôtres.

La France semble être menacée du rétablissement successif des ordres religieux; quelques mesures irréfléchies, quelques inconséquences ont pu produire l'alarme générale, mais elles ne la justifient point. Des souvenirs trop récents, les mœurs publiques, l'état de la civilisation, l'état de nos finances opposeraient à ce ridicule scandale une barrière insurmontable. Entre-t-il dans les vues du gouvernement de se rendre odieux, dans celles de l'Eglise romaine, d'achever sa ruine? Que l'un et l'autre parviennent à ressusciter de pareils auxiliaires, je réponds du succès. Non, ce serait insulter l'autorité, que de lui en supposer le projet; ce serait perdre son temps, que de s'attacher à le combattre. Si des enfants de saint Benoît nous rendirent, jadis, de véritables services, honorons leur mémoire, baptisons nos impasses de leurs noms; c'est bien assez. On m'affirmerait, sous la foi du serment, qu'il y en a de rétablis dans telle ou telle préfecture, que je ne voudrais pas y croire. J'ai soixante-dix ans révolus, l'âge et deux médecins m'ont emporté un œil; puisse, celui qui me reste, se fermer à l'instant même, plutôt que de revoir des capucins et des jésuites. Ne rétablissons ni les moines qui mendient, ni les moines qui donnent, une fois par semaine, un potage maigre aux mendiants, et passons aux cardinaux.

Ceux-ci sont les grands seigneurs, les princes de l'Église; par conséquent, dispensez-vous de les chercher dans l'Evangile, qui n'a créé ni grands seigneurs, ni princes. Leurs éminences ne datent que du onzième siècle, où le pape Nicolas II, Hildebrand, son conseiller intime et le Saint-Esprit, firent décréter par un concile, que désormais les évêques suffragants de Rome, réunis aux curés de la ville, procéderaient seuls à l'élection du saint-père, à laquelle coopéraient, auparavant, les empereurs d'Allemagne et le peuple romain. Ces nouveaux électeurs furent nommés cardinaux, du mot latin *cardo*, *cardinis*, qui signifie gond. La porte du Vatican tourne, en effet, sur les cardinaux : ils ont le droit exclusif de la fermer et de l'ouvrir. Quelque riches de matière, quelque brillants que soient ces gonds, je ne puis les croire de l'essence du christianisme, qui prospérait, depuis onze cents ans, quand on les imagina. J'en dis autant de nosseigneurs les archevêques, bien que leur origine remonte plus haut et qu'ils aient appartenu de bonne heure à l'organisation personnelle du sacerdoce. Ce n'étaient d'abord que de simples évêques, à qui l'importance de leurs siéges, l'étendue de leurs églises, d'autres considérations locales ou quelquefois la faveur du prince, valurent ensuite une sorte de primatie. On les désigna sous le nom de patriarches dans l'Église grecque, et sous celui d'archevêques dans l'Église romaine. Chacun d'eux comprit, dans son ressort, un nombre déterminé d'évêques qui, leur étant subordonnés pour divers objets de discipline et d'administration, s'appelèrent suffragants, c'est-à-dire soumis au suffrage du métropolitain, soit patriarche, soit archevêque. Je propose tout uniment de supprimer le mot et la chose, attendu leur inutilité. Forcés à la plus sévère économie, ôtons à l'Église gallicane un luxe qui l'appauvrit; qu'il n'y ait pas plus d'archevêques que de cardinaux. L'Évangile n'interdit point cette opération; nos finances la réclament, et peut-être encore d'autres bonnes raisons dont je ne parle pas. J'arrive à messieurs les évêques.

Ces dignitaires composent l'état-major de la milice sacrée, ils touchent au berceau du christianisme. Je me plais à reconnaître les douze premiers évêques dans les douze apôtres, comme dans leurs disciples, la souche de nos curés et vicaires, pasteurs ou recteurs. Il y eut, pour les églises primitives, un certain nombre de visiteurs ou *épiscopes* (de là vient la dénomination d'évêque), dont les attributions étaient de les diriger, de fixer la doctrine, de régulariser l'enseignement, d'intervenir dans le choix des fonctionnaires, d'encourager les chrétiens et de les consoler. Les inspections se divisèrent par arrondissements; chaque épiscope eut le sien, plus ou moins important, suivant la nature des localités, et le nombre d'Églises qui s'y trouvaient. Je conviens que ces inspecteurs rendirent de signalés services au christianisme naissant, qu'ils le propagèrent, l'affermirent de leur mieux, et que pour s'être détériorée, cette institution n'a rien, même aujourd'hui, de ridicule ou d'odieux. Voulez-vous la ramener à son véritable caractère? que nos évêques soient, comme autrefois, de simples visiteurs. Établissez quatre évêques aux quatre points cardinaux du royaume, plus un cinquième au centre, que vous appellerez archimandrite, métropolitain, primat ou patriarche, je ne tiens pas au titre. Ils visiteront, une fois ou deux fois par an, les départements de leur ressort; ils feront les ordinations, confirmeront les enfants, exploreront les mœurs et la capacité des curés, vicaires ou desservants; je leur laisse la faculté d'ordonner des suspensions provisoires, et de proposer les mutations, les destitutions définitives.

Ils constateront, sous le rapport du culte, les
besoins des paroisses , et présenteront les
moyens d'y subvenir. Le patriarche remplira, dans
son arrondissement, les fonctions d'évêque, et
celles de grand-juge dans toute l'étendue de la
France; bien entendu qu'il ne s'agit ici que de
discipline ecclésiastique, qu'on aura soin, d'ailleurs,
de régler la compétence, et qu'on déterminera les
cas d'appel à l'autorité qui surveille et paye les frais
du culte. Je stipule cette clause essentielle, parce
que l'Eglise ne doit point être un état dans l'État,
et que, si telle qualité, telle profession mettaient
encore à l'abri de la Charte et des lois, il n'y aurait
plus ni lois ni Charte. Voilà mes moyens d'économie, simples, positifs et d'une exécution facile; le
seul énoncé de ma proposition suffit pour en
apprécier la valeur intrinsèque. Scrutée avec ou
sans partialité, d'un œil louche ou perçant, elle
brave le microscope et l'analyse, elle défie les
objections. Viens-je assaillir les dogmes, la morale
de l'Evangile? Que lui produisent donc le froc d'un
cordelier, le *lituus* d'un archevêque, le bonnet
rouge d'une éminence? Parce qu'au lieu d'une
centaine d'évêques, nous n'en aurons que cinq,
cessera-t-on de baptiser, de catéchiser, de confesser,
de faire le prône, de dire la messe, de marier les
fidèles, pour leur argent et leurs billets de confession? refusera-t-on de les enterrer magnifiquement,
s'ils ont de quoi payer? n'entendrons-nous plus la

mélodie des cloches et la voix séraphique de l'orgue? Observez que la réforme de ce grand nombre d'évêques entraînera celle d'un nombre, au moins égal, de grands vicaires, aumôniers et secrétaires; observez qu'il ne sera plus question de cathédrales, collégiales et autres chapitres, tant nobles que roturiers, composés presque tous d'excellents gastronomes, aussi dispendieux qu'inutiles. Je vous ôte, du même trait de plume, les chanoines qu'on vous a redonnés, et la peur de voir se multiplier de tels présents; reste à faire emploi de nos ressources que je viens d'agrandir. Or, en attendant l'amélioration générale du sort des curés, nous pourrons en fournir aux paroisses où l'on n'en trouve pas un seul. Une brochure, intitulée *le Cri du Peuple*, que son auteur aurait rendue meilleure encore, avec plus d'ordre dans ses idées, et moins d'inconvenances, moins de profusion dans son style, contient, à ce sujet, la réflexion suivante :

« On établit vingt ou trente siéges épiscopaux (on en établit quarante-deux) qui nécessiteront une dépense annuelle de plus d'un million (de plus du double); avec ce million nous donnerions un pasteur à plus de cinq cents paroisses qui n'en ont pas. Nous avons assez d'évêques. Certains départements demandent des curés, on leur envoie des évêques. Il est de notoriété publique que beaucoup de villages manquent de curés, on leur en refuse. Ce refus est le résultat des abus introduits dans la hiérarchie religieuse, comme dans la hiérarchie civile. Comment expliquer ces mystères? Dans un moment où l'on parle de relever les autels, on ne relève pas ceux dont les fidèles demandent la restauration, on n'ouvre point les temples fermés, quelle bizarrerie! »

C'est mieux, beaucoup mieux que de la bizarrerie, c'est méconnaitre la religion, son caractère auguste, son but et ses moyens de prospérité; c'est ne savoir apprécier ni les évêques, ni les curés. Je ne connais rien au monde de plus utile, par conséquent de plus respectable, qu'un bon curé de village; ses paroissiens sont ses enfants, il les éclaire, les dirige, les aime avec toute la tendresse d'un père. Vous ne l'entendrez pas déclamer contre la philosophie, l'hérésie ou le schisme, contre les indépendants ou les *ultrà*, personne ne le comprendrait; il ne s'attache qu'à mettre à la portée de ses auditeurs les vérités de l'Evangile, en les appliquant à leur situation. Pour prouver la sainteté de la religion, sa méthode unique est de la faire aimer. La discorde germe-t-elle au sein des familles, il accourt; on le connaît juge équitable, on l'écoute avec confiance; il conseille, il prie, il persuade. Voyez le malheureux gisant sur un triste grabat, dans l'impuissance de fournir aux êtres qui l'entourent le pain de sa sueur; son curé le console, lui donne des secours, lui prescrit des remèdes, il le soigne et le guérit. Ainsi, dans les campagnes, les ministres du culte sont, tout ensemble, des institu-

teurs de morale, d'utiles médecins et d'incorrupti-
bles juges-de-paix; quelles fonctions plus importantes! quelle plus noble annulation d'emplois!
fût-il vrai qu'aujourd'hui le plus grand nombre
n'est pas cela, croyez qu'ils le deviendront, s'ils
cessent d'être dans une humiliante indigence, si leur
cuisine, mieux assurée, ne se règle plus sur l'éventua-
lité des naissances, des mariages et des enterrements.
D'après ces hautses considérations, j'ose espérer
qu'eux, vous et moi, nous étayerons de nos vœux
unanimes les succès de mon plan, dont je m'ab-
stiendrai de détailler les utiles accessoires, tels que
la translation des séminaires aux résidences des
cinq visiteurs, l'invariable promotion du plus digne
des évêques au patriarchat, du plus digne des curés
à l'épiscopat, etc., etc., etc. Comme je l'ai dit, mes
réductions financières se recommandent assez
d'elles-mèmes; néanmoins, il se pourrait que ce
plan fût rejeté, puisqu'il est bon; en conséquence,
je crois prudent de vous en soumettre un autre qui
aura bien son prix, vers la fin de ce siècle, ou le
commencement du siècle prochain, quand une
ordonnance royale permettra de toucher à la Charte.
Celui-ci ne m'appartient pas, vous le trouverez
très-largement développé, très-vigoureusement
discuté dans les lettres du docteur Priestley, ministre anglais non conformiste au fameux Edmond
Burke, grand partisan des apostasies politiques,
des fleurs de rhétorique et des religions dominantes.

Suivant Burke, l'Etat n'est que le gardien des revenus de l'Eglise, et ne les tient qu'en *fidei commis*. La religion tire son prix, son influence de la richesse et de la magnificence de son établissement civil. Suivant Priestley, la religion n'a besoin d'aucun établissement de ce genre, et son influence décroît en raison de l'accroissement de ses richesses. On ne peut, j'imagine, affirmer deux propositions plus claires ni plus complètement inverses; vous serez bientôt en mesure de décider quelle est la vraie.

Les établissements civils, dit le docteur non conformiste, furent inconnus aux premiers siècles du christianisme, mais, comme tous les abus, ils ont gagné du terrain pied à pied.

Vérité de fait à laquelle je m'intéresse d'autant plus, qu'elle m'a servi, tout-à-l'heure, à dégrever notre budget national.

L'homme, dit Burke, est, par sa constitution même, un animal religieux; donc l'établissement civil de la religion et le maintien de cet établissement sont obligatoires pour le gouvernement. L'homme, répond le docteur, est un animal qui mange, qui boit et dort; donc le gouvernement doit se mêler des heures de notre repas et de notre sommeil.

Suivant Burke, il est du devoir d'un magistrat, quelle que soit sa religion particulière, de maintenir celle que professe la multitude. Eh bien, réplique le docteur , maintenez le presbytérianisme en Ecosse, et le catholicisme en Irlande. Pourquoi faîtes-vous payer à ces deux pays les frais d'un culte qu'ils détestent?

Raisonnement qui s'applique à l'individu comme à la multitude, si l'on avoue que la liberté de conscience soit le premier degré de la liberté individuelle.

Puisque vous croyez nécessaire, continue le docteur, de {maintenir l'établissement civil d'une religion, bonne ou mauvaise, évangélique ou non, par la raison seule que le plus grand nombre la professe, votre très-honorable personne serait donc musulmane à Constantinople, et prosternée au Thibet, derrière le grand Lama? A vous entendre, l'Eglise et l'Etat sont des idées inséparables, dans l'esprit du peuple anglais ; mais pouvez-vous ignorer que l'Eglise et l'Etat n'étaient pas moins liés avant que depuis la réformation, et pendant l'établissement national du presbytérianisme que depuis la hiérarchie épiscopale? Les Anglais ne furent-ils pas zélés papistes, autant qu'ils sont aujourd'hui zélés protestants? Comment accréditer cette idée de l'*inséparabilité* de l'Eglise et de l'Etat, quand nous les avons vus si souvent et si complètement séparés? L'Etat est-il tombé avec le papisme?

Argument péremptoire que j'affaiblis, en l'isolant des réflexions qui l'accompagnent.

Le rhéteur Burke prétend qu'il faut bien se

garder d'enlever à la reigiton ses moyens naturels
de se concilier notre estime, qui sont la splendeur
et la richesse. Ici, son adversaire l'écrase de
l'autorité des faits et de toute la force d'une logique
inexorable. Les apôtres, lui dit-il, ne possédaient
pas une obole ; les ministres chrétiens n'ont eu pour
subsister pendant plusieurs siècles, que les contributions, abondantes il est vrai, mais [volontaires,
de leurs églises respectives. Le christianisme, à
cette époque, n'eut-il aucun droit à l'estime et au
respect des hommes ? Lorsqu'au contraire l'Eglise
romaine posséda vos moyens naturels de se concilier l'estime, son luxe, sa corruption, son orgueil
furent sans bornes, et la moitié de l'Europe ne
voulut plus la reconnaître. Vous appelez l'établissement civil le fondement de la religion, la base de
l'édifice ; il s'ensuivrait que l'édifice fut élevé, et
qu'il a pu se soutenir sans base, puisque la religion
est bien antérieure à votre établissement. Nommez
plutôt ce dernier le *fungus*, la plante parasite, qui,
loin de faire corps avec l'arbre qu'elle tient enlacé,
épuise tous ses sucs, et, si elle n'est coupée à
temps, parvient à le détruire. Vous vantez l'établissement civil comme fournissant au clergé le moyen
d'instruire les pauvres ! à merveille, si les pauvres
n'étaient pas obligés de payer cette instruction,
même dans les pays qui la rejettent ; en Ecosse, en
Irlande, par exemple, où, pour tirer d'embarras
le malheureux hors d'état de payer, les instructeurs

font vendre la cabane qui l'abritait. Vous vantez la somptuosité de l'établissement civil, comme propre à placer les ministres du culte dans une situation qui ne permette point soit aux grands de l'Etat, soit aux riches parvenus, de les mépriser sous le rapport de la fortune. Ce but ne me paraît pas atteint; on sait que le clergé subalterne courtise les grands avec bassesse, afin de s'avancer aux dignités, et que, dans les deux chambres, le banc des évêques reste constamment à la disposition de la cour. De ce fait notoire, il résulte que vous dites ce qui n'est pas la vérité, en nous affirmant que le clergé concourt, d'une manière efficace, à conserver au peuple l'exercice de sa liberté, parce que, selon vous, l'enseignement pastoral règle et dirige cet exercice. Juste ciel! quels régulateurs! D'aussi nobles fonctions peuvent-elles appartenir à des hommes vendus au pouvoir, et rampants devant lui?

Burke ne veut pas d'un clergé électif; il attaque, sur ce point et sur bien d'autres, les opérations de notre Assemblée nationale, et prétend que les élus seraient des hommes sans instruction, sans mœurs, pris dans la populace; en revanche, il veut des moines et des couvents. Son redoutable adversaire lui oppose l'exemple de l'Eglise chrétienne, dont les ministres furent, pendant plus de dix siècles, choisis par les fidèles; l'exemple de l'Amérique septentrionale, où chaque congrégation choisit les siens, et celui des congrégations dissidentes, en Angleterre, en Allemagne, en France. Il lui demande si les institutions monastiques font partie intégrante du christianisme; et, dans l'affirmative, d'où vient que l'Angleterre se croit encore chrétienne, après les avoir supprimées? Monsieur, ajoute le docteur, vous arrivez tard, pour étayer des préjugés qui s'écroulent; l'esprit de réforme parcourt le monde; quelque part que se rencontrent, sur sa route, l'erreur et la fausse politique, il saura les détruire. Votre Eglise et l'Eglise de Rome, plus homogènes qu'on ne pense, ne vivront pas autant que l'Evangile. La véritable Eglise, celle du Christ, est bâtie sur le roc, *les portes de l'enfer ne prévaudront point contre elle.* Si vous n'en aviez pas une toute différente, quelle nécessité de la soutenir par un établissement dispendieux? Pourquoi trembleriez-vous de la voir renversée au premier choc? Amis ou ennemis du culte dominant, abjurons nos passions; la question est d'une assez haute importance pour l'examiner avec calme; contentons-nous de raisonner ensemble. Bientôt vous serez convaincus que l'intervention du pouvoir civil, dans les matières religieuses, a fait à l'espèce humaine des maux incalculables, qu'elle a produit l'animosité, les haines mutuelles des sectes, les guerres des peuples, et desservi les véritables intérêts du trône et de l'autel. Les Américains ont brisé l'alliance entre l'Eglise et l'Etat; ils laissent chaque culte se soutenir par lui-même, sans dépendre d'un autre, et n'imaginent pas que le bonheur de la société s'accroisse par l'établissement du culte dominant, ou diminue quand elle en est privée. Mettons leur exemple à profit; alors la vérité, libre, indépendante, n'aura plus besoin d'appuis étrangers; elle restera debout, sur sa propre évidence, et les prétention, surannées, les antiques impostures, toutes les formes superstitieuses, toute corruption de l'Evangile, toute usurpation des droits de la conscience s'anéantiront sans retour.

Je dis amen, trois fois amen, de bien bon cœur, au vœu philanthropique du feu docteur Priestley, sans la moindre envie d'offenser la mémoire de l'honorable Edmond Burke, à qui je ne reprocherai pas même d'avoir agioté la religion, la politique et la rhétorique, afin de devenir lord; ce qui lui réussit. Du succès de milord et de ses nombreux imitateurs, je me borne à conclure que, dans la terre *classique* de la liberté, comme dans la nôtre qui ne l'est pas encore, il vaut mieux s'attacher au parti des ministres, et rire avec leurs excellences, que de leurs excellences.

D'après le plan négatif du docteur, le gouvernement ne se mêlerait pas plus des affaires de religion, que de la peinture, de la médecine ou de l'épicerie. D'après le mien, l'occasion de s'en mêler deviendrait moins fréquente, et c'est beaucoup. Si mes pressentiments ne m'abusent, ma proposition s'exécutera dans dix ans au plus tard, et la sienne dans cinquante au plus tôt. Tous deux nous marchons, l'Evangile à la main, vers l'autel de la patrie, pour y déposer les pragmatiques, les concordats, les réserves sur Avignon, les bulles, les décrétales, les fungus, les cuculles et deux allumettes. Mon docteur se montre bien convaincu que l'Eglise du Christ n'est ni l'Eglise anglicane, ni l'Eglise papale. Je m'applaudis de cette conformité de sentiment avec le ministre évangélique, très-zélé défenseur du christianisme, et je reconnais qu'en appliquant à la première les passages sacrés dont se prévaut la troisième, ma note sur le verset de saint Matthieu et le *quod interpretatur* d'Hieronime, devient inutile ou même inconvenante. Veuillez, je vous prie, la regarder comme non avenue.

Dix ans à s'écouler avant de n'avoir plus que cinq épiscopes, y compris les patriarches, que cinq chapitres et cinq séminaires! Dix ans avant de multiplier et de doter convenablement nos respectables, nos utiles curés! ce terme est un peu long. Prenons patience; mais en attendant, faisons servir les faits, les observations qui précèdent, et leurs conséquences immédiates à résoudre quelques questions d'un haut intérêt; car elles concernent les obligations permanentes du gouvernement, en matière de religion, et l'urgente nécessité d'une autre règle de conduite pour les prêtres qu'il salarie, c'est-à-dire que vous salariez. Ces questions rempliront ma seconde partie.

***

DEUXIÈME PARTIE

ÉTENDUE ET MESURE DE LA LIBERTÉ RELIGIEUSE. — DEVOIRS DU GOUVERNEMENT. — CONDUITE DES PRÊTRES. — DU DANGER DE MARCHER A REBOURS DE L'OPINION.

PREMIÈRE QUESTION. *Est-ce la religion qui doit s'accorder avec la morale, ou celle-ci qu'il faut ajuster aux dogmes religieux?*

J'affirme que c'est à la religion de s'accorder avec la morale, car celle-ci n'est qu'une, la même essentiellement dans tous les temps et dans tous les pays. Le meurtre volontaire, la barbarie des enfants à l'égard de leurs pères, des pères à l'égard de leurs enfants, le vol, le viol, l'abus du pouvoir, la corruption des juges, la calomnie sont des crimes à Pékin comme à Londres, à Rio-Janeiro comme Saint-Pétersbourg. S'il existait une religion qui osât les absoudre ou n'y voir que des actes indifférents, elle porterait un caractère évident de réprobation;

elle-même serait un crime. Qu'on commence la société par une famille, que, si l'on veut, sans prétendre expliquer ses commencements, on se borne à la prendre aux époques où nous la trouvons déjà formée, dans ces deux hypothèses, on conçoit également que la morale a dû précéder les systèmes religieux, parce qu'elle se lie à des besoins physiques, aux nécessités présentes des individus et de l'association. Elle est, en un mot, quant aux éléments, qui forment l'inspiration conservatrice, l'instinct de la nature. Adam, seul encore avec Eve, n'avait garde de l'outrager; ils se reconnaissaient l'un l'autre, indispensables à leur bonheur. Aimez-vous, protégez-vous, ce fut le premier cri que la nature leur fit entendre; ce fut la première leçon de morale qu'ils en reçurent; aussi la trouvons-nous dans l'Evangile. Il existe des religions absurdes, et cependant, au-milieu d'elles, la morale ne s'anéantit point; elle est restée conforme aux intérèts de la société. Malgré leur innombrable multitude de divinités capricieuses, fourbes, vindicatives, adultères, incestueuses, les Egyptiens, les Grecs, les Romains valaient bien, je crois, le peuple juif, dont la religion descendit du ciel. Valons-nous beaucoup mieux que les Chinois avec leurs pagodes, que les Hindous avec leurs pratiques? Je ne prétends pas induire de ces faits que toute religion soit inutile ou indifférente; je les énonce seulement comme preuves que les dogmes de la morale ne subissent point les mêmes variations que les dogmes religieux. D'où vient cette différence? Je l'ai dit; c'est qu'aux premiers se rattache la conservation des individus et des sociétés; c'est qu'on se trouve placé sous l'autorité paternelle et sous celle des lois, avant de l'être sous l'influence des ministres d'un culte. Mais si je conclus de ces incontestables vérités, que les religions doivent s'accorder avec la morale, et qu'il faut proscrire celles qui la heurtent, j'en conclus aussi qu'il faut reconnaître, dans celles qui la servent, l'empreinte d'une main divine, où, tout au moins, le génie d'un homme vertueux, éternellement digne de notre reconnaissance. Ainsi l'excellence d'une religion se manifeste par l'appui qu'elle prête aux lois de la saine morale, en leur donnant un caractère sacré; et le devoir du gouvernement est de protéger une religion semblable. Ainsi tout gouvernement, fût-ce même à Maroc, qui viole les lois dont je parle, et pourtant ose se dire religieux, ment au ciel, à la terre, à sa conscience : il recevra tôt ou tard le salaire de son triple mensonge.

SECONDE QUESTION. *Doit-on tolérer les croyances purement spéculatives, les pratiques, les habitudes, les opinions religieuses, qui sans la contrarier, n'aident point la morale?*

La solution de la première question amène sans efforts, la solution de la seconde. L'autorité n'a le droit de condamner que les croyances, les institutions, les observances qui tendent à entraver sa marche, à détourner les citoyens de l'accomplissement de leurs devoirs sociaux et du respect des lois, à les isoler enfin de l'intérêt public. Si ces opinions, ces observances ne sont point entachées de semblables vices, elle peut regretter de ne pas y trouver un appui ; faire plus serait une injustice. Peu lui importe, par exemple, que je prétende l'aïeule des humains formée d'une côte d'Adam, qui dormait pendant l'extraction, ou que je croie nos premiers ancêtres sortis du nombril de Brama, qui sortait lui-même de celui du dieu *Brimh*. Peu lui importe que j'admire ou je nie l'Immaculée Conception, si le paiement de mes contributions n'est point arriéré, si je recommande à mes enfants l'amour de la patrie, si je respecte les magistrats respectables.

Les mystiques épanchements du bon Fénélon, qui furent aussi ceux de quelques solitaires de la Thébaïde et des Bramines de l'Inde, n'avaient rien d'inquiétant pour l'État ; c'était le triste orgueil de son adversaire, sa fougueuse intolérance qu'il aurait fallu réprimer en plus d'une occasion. Supposez qu'au lieu de Bossuet on eût choisi Fénélon pour opérer, entre les catholiques et les protestants cette réunion tant désirée, dont Leibnitz et Pélisson s'occupaient avec zèle, peut-être y serait-on parvenu ; tandis que la hauteur, l'inflexibilité de l'évêque de Meaux, qui commandait et ne pactisait point la rendirent impossible.

L'avenir est le champ de l'espérance, libre à chacun d'y promener ses regards, et d'y voir à sa manière; les illusions consolent des malheurs réels, elles nous aident à porter le fardeau de l'existence. Une religion mériterait anathême, si, de sa nature, elle était intolérante, persécutrice, fanatique, toujours prête à seconder le despotisme, pour exploiter la servitude à bénéfice commun ; si ses ministres, ne tenant à la société par aucun lien commun, formaient dans l'État un corps indépendant, privilégié, et que leur doctrine, leurs institutions particulières se trouvassent en opposition avec le code régulateur de nos devoirs et de nos droits. Hors l'hypothèse d'un tel système religieux, je ne connais pas aux gouvernements d'obligation plus sacrée, que l'exercice d'une tolérance entière, positive et loyale.

TROISIÈME QUESTION. *Le mot tolérance est-il bien le mot propre dans son application à l'exercice des religions?*

La tolérance étant moins un bienfait à accorder qu'un devoir à remplir, croyez-vous ce devoir caractérisé par une expression juste? On tolère des abus, des défauts, des vices même, qu'il serait intempestif ou difficile de détruire; on tolère le mal dont il résulte quelque bien, ou qui serait inévitablement remplacé par un mal plus grand. La tolérance s'applique aux meurtres devant témoins, que nous nommons affaires d'honneur, aux biribis, aux loteries, aux filles publiques, etc., etc., etc. Si j'en crois un écrivain fameux, elle continuera de s'appliquer à la police générale, tant qu'il n'en sera pas lui-même le ministre. Tolérez-vous les uns les autres, nous recommande l'Evangile; ce qui veut dire que des coupables n'ont pas le droit de lapider leur complice. Oui, je reconnais dans ces divers exemples, une incontestable propriété de termes. Y a-t-il aucune espèce d'analogie entre eux et la profession d'un culte? Ma pensée m'appartient, le domaine des consciences n'est et ne peut être soumis à la jurisdiction du prince; car, pour qu'il l'exerçât, il ne lui suffirait pas de vouloir et d'ordonner, il faudrait de plus qu'il pût convaincre et persuader. Ma persuasion n'étant pas en son pouvoir, je reste le maître absolu, le propriétaire indépendant de ma croyance. De ce droit de propriété, découle celui de l'exercer, suivant les formes et les rites que je préfère, quand je remplis, d'ailleurs, les conditions voulues dans l'examen de la seconde question. La liberté des cultes ne peut être un problème, sinon pour ceux qui en font un de la liberté individuelle, et, s'il serait absurde de dire qu'on tolère celle-ci, il ne l'est pas moins de dire qu'on tolère celle-là. Ensuite, comme il n'existe point de véritable liberté, sous quelque rapport qu'on la considère, qui ne repose essentiellement sur une entière égalité de droits, je pourrais démontrer, au besoin, qu'on porte atteinte à la liberté des cultes, en consacrant, pour un d'eux, des priviléges exclusifs. C'est à l'égard de ces priviléges que le mot *tolérance* recevrait une plus juste application. Espérons que ceux des gouvernements européens où toutes les religions sont admises, se décideront un jour à suivre, sans déviation, le système d'égalité recommandé par la justice, la politique et Priestley; qu'ils effacent du moins de leurs constitutions, ou s'abstiennent d'y mettre le mot improprе que je signale, et qui, dans l'espèce, exprime une contradiction grossière, une injure grave au plus légitime de nos droits, la liberté de conscience.

QUATRIÈME QUESTION. *Les discussions théologiques sont-elles en harmonie, aujourd'hui, avec les progrès des lumières et le caractère de nos nouvelles Institutions?*

Répondre par l'affirmative, ce serait reconnaître un intérêt général aux querelles de théologie, aux débats de religion. Je le déclare de la meilleure foi du monde, je ne l'y trouve point, et je doute qu'il s'y soit jamais trouvé. Est-ce la paix intérieure, l'ordre public qui gagnent à la polémique religieuse? impossible. D'après le droit d'égale protection, inhérent à toutes les croyances, chacune d'elles peut ce que peut une autre; par conséquent, si le gouvernement laisse le prêtre de Saint-Roch déclamer contre le judaïsme et l'aveugle entêtement des enfants de Jacob, le rabbin de la rue Sainte-Avoye peut injurier à son tour le prêtre de Saint-Roch, et reprocher aux sectateurs du Christ leur ingratitude envers la religion primitive, sur laquelle ils sont venus s'enter. Attaqué, soit au prône, soit ailleurs, par un ministre catholique, le ministre protestant ou luthérien exercera des représailles. Il n'y aura pas jusqu'à M. l'abbé Frayssinous qui, sur le perron de Saint-Sulpice, ne courre risque d'être gourmé par quelque philosophe préalablement et longuement calomnié. Admettons que l'autorité n'intervienne pas, adieu la paix et le bon ordre; admettons qu'elle intervienne pour désarmer un seul parti, adieu la justice distributive, adieu la confiance et le respect qui doivent lui servir d'escorte. Admettons encore, si l'on veut, qu'elle dise aux uns et aux autres, *taisez-vous insensés*, l'ordre n'arrivera-t-il pas trop tard? Dans tous les cas, elle regrettera de s'être réduite à le donner. Prévoir, et de loin, n'est pas du superflu pour ceux qui gouvernent, c'est le nécessaire. Trouverons-nous, par hasard, qu'à ce chamaillis d'opinions contradictoires, il y ait à gagner pour la religion? Eh! qu'y gagnerait-elle, puisque ceux qui en disputent le plus, sont, à peu d'exceptions près, ceux qui en ont le moins, ceux qui savent le moins la faire aimer? Toutefois, à raison de la gravité de l'objet, n'écartons pas cet examen particulier, et donnons-lui quelque développement.

Dès les premiers jours de son existence, on a controversé sur le christianisme. De bizarres oppositions, des disputes animées, signalent les mœurs, la croyance et les pratiques religieuses des chrétiens primitifs. La plupart continuaient l'observance du judaïsme, un grand nombre l'abandonnait entièrement, et les douze apôtres, inspirés par le Saint-Esprit, ne s'accordaient ni sur ce point, ni sur bien d'autres. Le dirai-je sans frémir? la divinité même de Jésus-Christ fut mise en litige à Rome et dans plus d'une église. Le dernier Evangile, celui de Jean, ne fut écrit qu'à l'occasion de ces mécréants obstinés qui ne voulaient voir dans le Messie qu'un homme inspiré par l'Eternel, son agent, son plénipotentiaire, et nullement son fils. C'est pourquoi Jean nous en affirme la divinité d'un ton si positif; il y revient à chaque page, il la consacre de prime-abord, par une expression dont Phérécide et Platon s'étaient servis avant lui. *In principio erat verbum, et Deus erat verbum* : au commencement était le verbe, et le verbe était Dieu. Je n'oserais pas assurer qu'on puisse dire aussi : *Dieu était le verbe* : dans l'espèce, un rien suffit pour constituer l'hérésie.

L'autorité de Céphas, bien que le Christ l'eût établi son successeur immédiat, était même contestée. Il obtint le respect, la déférence qu'obtient partout le doyen d'âge; mais ce ne fut pas lui, ce fut l'apôtre Paul qui, durant sa vie entière, dirigea, défendit, agrandit le christianisme, et ne cessa de disputer. Paul survécut à Céphas. On doit peu s'étonner de l'influence qu'exerça cet orateur : parfois ténébreux, comme M. de Bonald, il est souvent énergique, sublime comme Bossuet. Or, dans une république, confédérée ou non, le talent donne la primatie, je dirais presque la royauté. Malgré sa royauté, malgré son éloquence, de son vivant et après sa mort, il s'éleva, du sein des églises, d'audacieux novateurs, divers dans leurs systèmes, défendant chacun le sien par les ressources de l'amour-propre ou du talent, habiles à former des disciples, et rangeant sous leurs bannières des villes, des populations entières. Ainsi Cerdon avec ses deux principes, l'un bon et créateur du Ciel, l'autre mauvais et créateur de la terre, vint ressusciter l'Arismane, l'Oromaze de la Perse, et fonda le manichéisme, qui, parmi ses sectateurs les plus ardents, a compté Saint Augustin. Le plerome de Valentin, ou plénitude de la divinité, de laquelle il distinguait l'ordonnateur du monde, trouva faveur à Rome, et se propagea dans les Gaules. Marcion crut surprendre en contradiction Moïse et l'Evangile; prêchant des mœurs austères, relevant, en quelques points, la dignité de l'homme, sa doctrine eut un succès rapide en Europe, et dans l'Asie. Selon Sabellius, le père, le fils et le Saint-Esprit n'étaient que trois noms différents du même Dieu, propres à marquer ses opérations différentes. Cette opinion philosophique s'accrédita surtout en Italie. Ce dogme de la Trinité, caché sous les nuages dans le vieux Testament, et au-dessus dans le nouveau, il est également scandaleux d'oser l'expliquer et d'oser le nier. Le premier des conciles universels, assemblé à Nicée par ordre de Constantin, nous en fournit la preuve. On y condamna l'opinion d'Arius, prêtre d'Alexandrie, qui admettait trois substances, au lieu d'une seule en trois personnes, première erreur; qui ne supposait d'incréé que le père; horrible supposition! seconde erreur, pire que la première. L'hérésiarque, malgré l'anathême œcuménique, ne se tint pas pour battu. Ses mœurs étaient pures, sa conduite irréprochable, son visage inspirait le respect; onctueux dans ses discours, savant sans pédantisme, bon musicien, bon poëte, il mit sa doctrine en vaudeville, et la rendit populaire. Des évêques, des patriarches, des citoyens illustres se déclarèrent ses partisans, et de ce nombre fut l'empereur lui-même. On n'en soutint pas avec moins d'assurance chacun son sentiment; on controversa dans la rue; la controverse s'échauffa jusqu'à la sédition, et, dans plus d'un endroit, les images de Constantin furent insultées; il eut le bon esprit de ne pas vouloir s'en fâcher. Excité à la vengeance par ses courtisans, il leur répondit, en passant la main sur son visage : je n'y sens rien. On tint un autre concile à Tyr, et l'arianisme y triompha. Terrassé plus d'une fois, il se releva plus audacieux ou plus adroit, et parvint à subjuguer l'Asie, l'Afrique, l'Espagne et la banlieue de Rome. L'histoire ecclésiastique atteste que plusieurs évêques signèrent à Rimini une formule arienne.

A quelles tristes réflexions nous conduit le scandaleux triomphe de ce prêtre d'Alexandrie! Que Rome et son pontife se soient mépris de temps en temps, je n'y trouve rien d'inconcevable; seulement je prends acte de leurs méprises contre leur infaillibilité; mais des conciles œcuméniques, mais l'Eglise universelle se repaître d'erreurs! Caresser le lendemain ce qui, la veille, fut l'hérésie! ô néant de la spiritualité! ô profondeur des ténèbres! Le Saint-Esprit ne les a pas encore dissipées entièrement; il a sans doute ses raisons, gardons-nous de le taxer de négligence.

Encore si le scandale de ces dissensions n'avait deshonoré qu'une ou deux périodes de l'ère chrétienne, et les plus reculées! Si Rome, par son orgueil dogmatique, par sa contentieuse intolérance, n'avait elle-même créé des successeurs aux Origène, Donat, Apollinaire, Jovinien, Pélage, Nestorius et tant d'autres hérésiarques, hérétiques ou suspects d'hérésie! L'ordre de croire est un moyen sûr de produire le doute. Aussi l'Eglise romaine, parvenue au plus affreux despotisme, eut beau jeter au feu quiconque osait douter tout haut, ses bûchers dévorèrent des chairs, des ossements, sans atteindre l'indépendance de la pensée. Au neuvième siècle, on disputa sur la forme du sacrement de l'Eucharistie; les catholiques doivent aux méditations d'un moine westphalien, celles qu'ils ont définitivement adoptée. On disputa sur la prédestination; les plus sages n'en voulaient point; d'autres en voulurent deux, d'autres n'en voulurent qu'une. On se battit pour et contre le Saint-Esprit; quelques Églises le font émaner du père seul; un plus grand nombre, du père et du fils. La seule nomenclature des opinions plus ou moins extravagantes de tous ces songe-creux, formerait un volume : soutenues par des évêques, anathématisées par des conciles, tantôt elles se reproduisaient sous de nouvelles formes, tantôt elles enfantaient de nouvelles erreurs. Qui ne connaît, au moins par le bruit qu'elles ont fait, ces éternelles contestations sur le libre arbitre et sur la grâce efficace, concomitante ou suffisante? Quelqu'un ignore-t-il les noms de Molina, de Jansénius, de Quesnel et du diacre Pàris? Le grand Arnaud intitule un de ses écrits, *Nouvelle Hérésie des Jésuites*; ce qui en suppose plus d'une. Les jésuites traitent d'hérétiques les solitaires du Port-Royal. Ils s'attaquent, se mêlent, se déchirent, et les amis de l'ordre applaudissent à leur ruine commune; on chante sur leur tombeau les hymnes

de la paix. Que de haines, de vengeances excitées !
que de sang répandu pour des idéalités, des ab-
stractions ténébreuses, des dogmes, des mystères
inexplicables ! N'eût-il pas mieux valu n'opposer à
ce délire que la morale de l'Evangile, la défendre
et la prêcher d'exemple ? Tant de schismes, de
sectes, de religions diverses ne se seraient point
élevés ; l'abolition des indulgences, et une mitre
d'évêque sur la tête du fougueux Luther, auraient
·pu conserver à l'Eglise romaine sa domination dans
le nord de l'Europe. Il en est temps, que le clergé
catholique abandonne sa vieille et désastreuse rou-
tine, ou qu'il s'attende à périr ; on ne marche pas
impunément à rebours de l'opinion. Voudrait-il
justifier les débats sur les religions, en supposant
le catholicisme, déclaré religion de l'Etat, la seule
bonne, la seule véritable ? Ce serait reproduire le
vieux adage, *hors de l'Eglise point de salut*,
auquel l'Eglise ne croit plus, et les reproduire
quand l'admission légale de tous les cultes interdit
d'en attaquer aucun. Lui paraîtrait-il plus facile de
justifier ses débats, par l'avantage d'une morale
sublime dont il ferait au catholicisme les honneurs
exclusifs ? Mais toutes les religions chrétiennes ont
la même morale dans le même Evangile. Bien
mieux, et j'invoque sur ce fait le témoignage de
l'Europe entière, les Etats où se remarquent le plus
de mœurs, de franchise, de respect pour les lois et
les institutions, ne sont pas les Etats catholiques.

Si, bravant ces accablantes vérités, les athlètes de la Rome moderne gardent encore l'espoir d'une lutte glorieuse, je leur dirai, dans ma douleur : Depuis longtemps, et partout où vous le pouviez, vous avez fait l'essai de votre onctueuse éloquence. A cette ressource vous ajoutâtes plus d'une fois, comme simples accessoires, les persécutions, l'exil, la torture, la potence, la roue, et les guerres exterminatrices. Malgré ces auxiliaires, vous n'avez pu empêcher les maudits Anglais de brûler, par contumace, le vicaire du Christ, ni les enfants de la réforme de pulluler en Allemagne et en France. ni le schismatique Pierre-le-Grand de laisser à ses successeurs quarante millions de schismatiques à conduire. Malgré vos apologies, vos diatribes, vos mandements, les bulles, l'excommunication, les baïonnettes et les miracles à votre usage, je vois que l'idolâtrie, le mahométisme et la philosophie peuplent les trois quarts des deux hémisphères. C'était bien la peine d'y nourrir la discorde pendant des siècles, de l'y rassasier indistinctement du sang des élus et du sang des damnés. Il serait donc peu raisonnable d'appuyer de vos succès passés, la prédiction de vos succès futurs. Vous n'inspirez pas plus de confiance qu'autrefois, et vos méthodes de discussion, ne sont pas, que je sache, beaucoup améliorées, tandis qu'au contraire, l'on veut et l'on peut aujourd'hui, presque dans toutes les classes de la société, les apprécier à leur juste valeur. Vos

syllogismes ne sont pas redoutables, ils vous en-
ferment, éternellement, dans un cercle vicieux.
Vous raisonnez pour établir la nécessité de nos deux
révélations et en conclure leur existence ; vous
raisonnez pour armer vos preuves de toute la force
d'une démonstration ; vous invoquez la raison pour
nous déterminer à croire des choses qu'elle ne peut
s'expliquer ni par leur but ou leur résultat, ni par le
témoignage des sens ou l'analogie des idées, et vous
lui défendez en même temps de rejeter ce qu'elle ne
peut comprendre ! Vous voulez, à sa place, une foi
vive, qu'on n'est pas le maître de se donner, qu'on
n'est pas toujours sûr d'obtenir. C'est bien là, sans
doute, employer le raisonnement à détruire le raisonnement, et se servir de la raison pour en
condamner l'usage.

Les révélations se prouvent par les miracles,
telle est votre manière d'argumenter, et les miracles, par les témoignages humains. Puisqu'en
dernière analyse, tout ce réduit à ce genre de
preuves, c'est un choix, parmi les témoignages,
qu'il vous importe le plus de bien faire ; c'est leur
valeur qu'il vous importe le plus de bien connaître.
En d'autres termes, vous avez à déterminer le degré
de confiance que méritent nos documents historiques, car leur autorité constitue évidemment l'autorité des témoignages. Aucun de vous n'ayant, à
ma connaissance, entrepris cet immense travail, je
vous invite à vous en occuper ; la religion, l'his-

toire, les sciences, les arts, le monde entier vous en témoigneront leur éternelle gratitude. En attendant, tempérez l'ardeur de votre prosélytisme, et daignez applaudir, avec les véritables philosophes, à l'édit assez récent de l'Em pereur d'Autriche, qui n'encourage pas les conve rsions. Puisse le vice-Dieu Pie VII l'hono rer aussi de son approbation ! puisse-t- il déclarer que l'on est homme de bien par ses œuvres, et non par sa croyance ! alors, nous nous passerons de missionnaires ; l'Irlande n'aura plus besoin de ha rceler le parlement d'Angleterre pour en obtenir des droits évidents et celui-ci ne motivera plus sa résistance sur l'esprit du catholicisme. De ces considérations je conclus que le raisonner théologique ne convient pas au temps qui court, et qu'il faut un remplacement. Je viens d'indiquer le meilleur, trois ou quatre pages plus haut ; j'essayerai maintenant d'en faire ressortir les ava ntages, par le rapprochement de quelques faits de fraîche date ; c'est là l'objet de la question suivante.

Cinquième et dernière question. *N'existe-t-il pas un moyen de remplacer les discussions scholastiques, si elles sont dangereuses ou si même elles ne sont qu'inutiles ?*

La religion, quels que soient ses dogmes et sa mysticité, ne peut nous rendre meilleurs, ne peut produire notre bonheur qu'en nous ordonnant la pratique de la vertu. Elle la commande, au nom du ciel qui lit dans les consciences, sous peine d'un châtiment que, tôt ou tard, sa justice prononcera : les lois civiles la commandent, au nom et pour l'intérêt de la société, sans pouvoir toujours découvrir ou atteindre les méchants. Ainsi, leurs moyens respectifs doivent concourir au même but, le bonheur individuel et le bonheur public. Que ce concours se réalise, et nous aurons le spectacle enchanteur de la morale, réagissant à son tour sur la religion, et lui rendant au centuple les bienfaits qu'elle en aura reçus. Prêtres catholiques, ce peu de mots vous indique vos véritables intérêts et vos véritables fonctions. Ne descendez jamais à faire de la théologie l'atelier des discordes, de la chaire de vérité les trétaux du scandale, et des abris du confessional un facile moyen d'extorsions et d'intrigues. Si vous avez été victimes de nos longs égarements, vous n'êtes pas les seules ni les plus déplorables ; suivez l'exemple de votre maître et ne vous vengez point. Si vous fûtes dépouillés, songez qu'il ne posséda rien. Ce n'est pas à la fortune que se rattache votre considération, c'est à de plus nobles avantages. J'ai vu, dans ma jeunesse, des curés à portion congrue, bien autrement respectables, bien autrement respectés que le primat des Gaules. Combien, depuis le rétablissement de la royauté, vous eussiez consolé d'infortunes, écarté de vengeances, empêché d'injustices, en préservant le vainqueur et le vaincu de l'abus de la victoire! Etait-ce à vous d'en entonner le cantique, avec cette joie des sauvages qui dansent autour des prisonniers dont ils vont faire leur pature? Quel concert de bénédictions, quelle unanime reconnaissance paieraient votre zèle, si, ne voyant dans tous les partis que des frères divisés, plus malheureux que criminels, vous vous fussiez interposés pour leur conseiller, au nom de la patrie, et leur ordonner, de par le juge des consciences, l'oubli du passé, l'espoir de l'avenir! si vous n'aviez pas appelé clémence ce qui doit s'appeler justice! si vous aviez flétri les délateurs, au lieu d'encourager leur infamie! si vous aviez opposé, d'une voix sonore, aux inspirations de la haine, le langage de l'Evangile, à l'égoïsme des ressentiments, l'autorité de la morale, le besoin commun d'indulgence et d'union! si vous vous étiez, enfin, moins pressés d'exhaler l'orgueil d'une ambition, l'âpreté d'une avarice qui nous persuadent, de reste, que vous rampez comme nous, sur la terre, loin, bien loin des régions célestes! Vous dire ce que vous ne faites pas, c'est vous apprendre ce que vous devez faire. Laissez, laissez reposer vos anathêmes contre les religions qui ne sont pas la vôtre; n'insultez point à cette philosophie qui prêche, avec plus de franchise, et, par conséquent, plus d'éloquence que vous, les attributs du Grand-Être, les vertus sociales, le civisme, l'amour de ses semblables, et l'horreur de toutes les tyrannies. Ne recommandez pas le mépris des richesses en tendant les deux mains; modérez, je le répète, votre ardeur de convertir, et n'attribuez pas toujours à la puissance de vos raisonnements, à l'efficacité de la grâce d'en haut, des conversions qui peuvent être l'extrême ressource d'une industrie bornée aujourd'hui dans ses spéculations. Parlez au cœur de l'homme, sans fatiguer sa raison, sans torturer la vôtre. Ne saurions-nous concevoir la nécessité d'être justes pour notre bien dans ce monde et dans l'autre, à moins que vous ne fassiez intervenir le mystère de la Sainte-Trinité? Qu'elle soit la formule d'étiquette de commencement de nos prières, de vos prédications et des bulles du pape, i'y vois peu d'inconvénients : on l'a bien mise en tête de la Sainte-Alliance; mais suivez le conseil de ce Luther qui vous connaissait si bien. *Ne poussons pas trop loin,* disait-il, *cette doctrine de la Trinité, le diable seul profite des querelles de l'école.* Nos filles et nos femmes seront-elles plus chastes, quand, par exemple, vous leur aurez affirmé que l'ange aborda la Vierge d'Israël, qui lui répondit : *Qu'il me soit fait selon votre parole?* N'ambitionnez pas d'échauffer vos narrations de tout l'intérêt d'un roman historique, et soyez moins féconds à disserter sur de telles matières. Remplacez, le plus qu'il se pourra, les disser_ tations de ce genre, par des instructions usuelles, claires, positives, touchant la nature, l'importance de nos devoirs, et les moyens de les remplir; nous gagnerons tous, et vous les premiers, à ce remplacement. L'établissement civil d'une religion dominante vous assure de nombreux priviléges, on vous les pardonnera quand vous cesserez d'en abuser; il faut abjurer enfin cet esprit de l'Eglise romaine, oppresseur, exclusif, intolérant, tant qu'elle conservera la monarchie universelle, étroit, perfide, vindicatif, après qu'elle l'eut perdue. Si l'autel et le trône se groupaient aujourd'hui, pour peser plus fort sur la liberté publique, le trône et l'autel n'auraient que le triste avantage de s'écrouler ensemble, et n'imaginez pas que la volonté de les anéantir survive au siècle précédent; jamais la France ne se montra mieux disposée à les preserver l'un et l'autre d'une nouvelle catastrophe; mais elle entend que sa constitution religieuse ne soit, pas plus que sa constitution politique, un moyen permanent de discordes, de servitude et de ruine. Elle veut rendre à la religion son caractère divin, marqué par l'Evangile, mais non pas au clergé ses abus monstrueux, ses orgueilleuses prétentions, et ce luxe d'hiérarchie que ne comportent ni la saine morale, ni l'état de nos finances. De quel droit, lorsque l'armée et toutes les branches de l'administration subissent de douloureuses réformes commandées par la nécessité, l'odieux concordat de François Iᵉʳ, vient-il accroître nos misères? Ont-ils mieux mérité de la patrie que le guerrier mutilé, que l'administrateur vieilli dans des fonctions pénibles, ces quarante-deux prélats dont, peut-être, une retenue sur les pensions de retraite complètera les honoraires? L'indignation générale repousse de semblables mesures, l'opinion condamne cette intempestive munificence, et, tôt ou tard, elle en ferait justice. Le sceptre de l'opinion ne se brise pas aussi vite qu'un autre, on paye cher un jour les demi-victoires qu'on remporta sur elle. Je connais assez le clergé catholique, pour assurer qu'il ne croit point à ces vérités triviales.

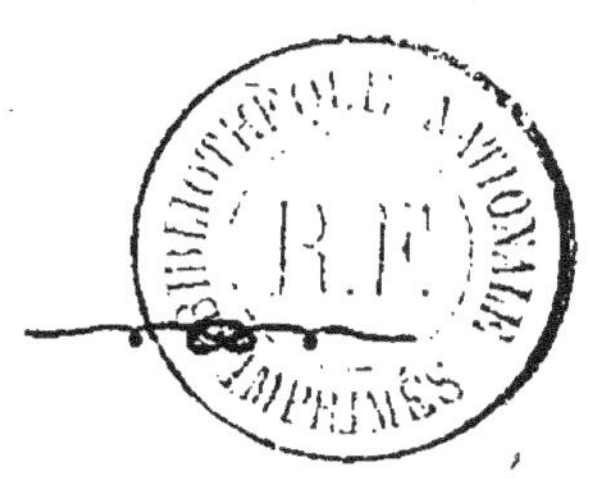

Réimpression d'une Brochure parue en 1817.

15 Avril 1878.

Sauveterre. J. Chollet Imprimeur - Libraire·